QUESTIONS DE DROIT MARITIME

LA
LOI DU 12 AOUT 1885

ABROGEANT OU MODIFIANT PLUSIEURS ARTICLES

DU CODE DE COMMERCE

PAR

ALFRED DE COURCY

Administrateur de la Compagnie d'Assurances générales

PARIS

LIBRAIRIE COTILLON

F. PICHON, SUCCESSEUR, IMPRIMEUR-ÉDITEUR,

Libraire du Conseil d'État et de la Société de législation comparée,

24, RUE SOUFFLOT, 24.

1885

LA
LOI DU 12 AOUT 1885

LA

LOI DU 12 AOUT 1885

ABROGEANT OU MODIFIANT PLUSIEURS ARTICLES

DU CODE DE COMMERCE

PAR

ALFRED DE COURCY

Administrateur de la Compagnie d'Assurances générales.

PARIS

LIBRAIRIE COTILLON

F. PICHON, SUCCESSEUR, IMPRIMEUR - ÉDITEUR,

Libraire du Conseil d'État et de la Société de législation comparée,

24, RUE SOUFFLOT, 24.

—

1885

LA LOI DU 12 AOUT 1885

Le *Journal officiel* du 14 août dernier a
promulgué une loi qui introduit des changements très importants dans plusieurs parties
de notre législation maritime. On avait presque oublié, même dans les ports, ce projet
qui, formulé par le Conseil d'État, a eu des
rédactions diverses, et se promenait assez
nonchalamment, depuis près de dix ans, du
Sénat à la Chambre des députés, en soule-
vant des conflits auxquels le public prêtait
peu d'attention. Il n'y a pas trop à regretter
ces longs retardements, puisque la dernière
rédaction du Sénat, à laquelle la Chambre

des députés s'est finalement ralliée, est à mon avis la meilleure.

Le projet est né des vœux d'une commission extra-parlementaire instituée en 1873 et dont j'avais l'honneur de faire partie. Je m'honore aussi d'avoir été l'inspirateur de quelques-unes de ses dispositions, notamment de celle qui affranchit les armateurs français de la menace des poursuites de l'administration des ponts et chaussées, au cas d'extraction d'épaves faisant écueil à l'entrée des ports.

J'avais déclaré la guerre à la jurisprudence administrative qui suspendait cette menace sur la tête des armateurs. J'ai consacré un chapitre spécial à la question dans le deuxième volume de mes « QUESTIONS DE DROIT MARITIME », (page 127). Deux paragraphes ajoutés à l'article 216 du Code de commerce m'ont donné gain de cause, en étendant la faculté d'abandon aux revendications exercées par l'État sous prétexte d'obligations de voirie. Je me félicite vivement de ce succès.

Un autre chapitre intitulé LE VRAI CARACTÈRE DE L'ARTICLE 347, publié tout récemment dans mon troisième volume, (page 91), devient hors de saison et n'aurait plus qu'un intérêt rétrospectif. L'article 347 est en effet abrogé; on en a seulement conservé, malgré mes observations, une relique bien inutile. L'article est désormais conçu dans les termes suivants : « le contrat d'assurance est nul s'il « a pour objet les sommes *empruntées à la* « *grosse*. » Certes une pareille assurance serait bien nulle, pour défaut de cause et d'intérêt. L'emprunteur à la grosse étant libéré de l'emprunt par la perte du gage n'a jamais eu intérêt à faire assurer l'emprunt, et je n'ai jamais connu un seul exemple de cette opération à rebours. C'est le prêteur, non l'emprunteur, qui avait intérêt à faire assurer le prêt. Il est assez singulier qu'en 1885 la législateur s'avise de consacrer un article à une hypothèse chimérique. Je n'en parle que par amour de l'art; la disposition est aussi exempte d'inconvénients que d'utilité. Les siècles pourront s'écouler sans qu'il y ait lieu de l'appliquer.

Quant à toutes les autres choses dont l'assurance était déclarée nulle par l'article 347, elles sont reportées au contraire dans l'énumération des choses assurables de l'article 334, ce qui est une petite révolution législative. Son importance est de donner désormais la consécration légale aux assurances sur fret et sur bénéfice espéré, en les rendant justiciables des tribunaux. La conséquence devrait être d'abolir la pratique des *polices d'honneur*, qui se souscrivaient par dérogation à l'article 347.

J'applaudis sans hésitation à cette réforme, je m'étais associé au vœu qu'en avaient exprimé les deux commissions de 1865 et de 1873. J'ai dit alors pourquoi, je l'ai répété dans bien des publications. D'une part, il peut y avoir, et il y a souvent, des intérêts légitimes à des assurances sur fret et sur bénéfice espéré. D'autre part, quand il y a des abus, et alors surtout qu'il y a des abus, je trouve bon que les litiges soient déférés aux tribunaux et débattus au grand jour de la justice, plutôt qu'abandonnés à la discrétion de consciences inégalement timorées ou à la décision d'un tribunal occulte d'arbitres sans autorité.

Mais j'ai toujours soutenu avec force l'opinion que l'assurance du fret et du bénéfice espéré ne doit être permise qu'à la condition de réserver, de sauvegarder le principe supérieur de morale et d'ordre public que *l'assurance est un contrat d'indemnité.* Tous les jurisconsultes et tous les moralistes en sont d'accord. L'assurance protège les intérêts légitimes, elle répare les préjudices éprouvés, elle *indemnise* en un mot. Si elle fait plus, si elle enrichit l'assuré, si elle l'amène à souhaiter l'accident, si elle crée l'intérêt à la perte des choses, si elle est une spéculation de lucre, l'institution est pervertie, la spéculation est immorale.

C'est bien assez, c'est peut-être trop qu'il soit permis à l'assurance de supprimer entièrement l'intérêt à la conservation des choses, puisque par là il est certain qu'elle diminue les précautions et la vigilance, qu'elle engendre les incuries et qu'elle multiplie les accidents. Combien de navires ont péri, combien d'usines ont brûlé, par des incuries qu'on n'aurait pas eues si les choses n'avaient pas été assurées! Du moins l'ordre public exige impérieusement qu'il soit interdit de créer l'intérêt à la perte.

L'exposé des motifs de la nouvelle loi et le rapport du Conseil d'État avaient réservé ce principe en termes énergiques. J'aurais voulu le voir expressément rappelé par le texte.

Je lis bien, quant au fret, que ce que l'on

peut faire assurer c'est *le fret net*. L'idée est parfaitement juste et l'expression est heureuse, parce qu'elle est consacrée par l'usage. Les armateurs et les assureurs savent tous ce qu'est le fret net : le résultat d'une soustraction, lorsque du montant du fret brut on aura déduit les gages d'équipage et autres charges du fret. Le fret net est seul en risque, et l'indemnité sera complète si l'assurance rembourse le fret net. L'assurance du fret brut serait donc un abus, un désordre, et créerait l'intérêt à la perte du navire. Les tribunaux auront le droit, ou plutôt le devoir de réprimer cet abus, de corriger ce désordre en réduisant l'assurance au montant du fret net. Telle me paraît, incontestablement, la saine interprétation du texte, éclairé par les principes. Mais c'est de l'interprétation, et il eût été bon que le texte se fût nettement exprimé à cet égard.

La loi contient une disposition générale, formulée par un court paragraphe :

« Toute assurance *cumulative* est *interdite*. » C'est le principe. Des deux mots qui la formulent, j'approuve le second. On ne pourra plus disputer, comme sous le régime de l'article 347, sur la question de savoir si la *nullité* équivalait à une prohibition. C'est bien une interdiction qui est prononcée, au nom de l'ordre public. Je n'approuve pas le premier mot, *cumulative*, et j'ai fait de vains efforts, dans les Commissions des deux Chambres du Parlement, pour qu'il fût changé. Le mot n'est ni de la langue du droit, ni de celle de la pratique. Il est grammaticalement litigieux. Il semble s'appliquer plutôt à l'idée d'un double emploi, d'assurances garantissant deux fois les mêmes choses, qu'à celle de l'exagération des valeurs assurées. Et en effet, le paragraphe suivant porte : ..... « l'assurance sera réduite de toute la valeur de l'objet *deux fois assuré* ». On ne manquera pas de dire que ce n'est pas assurer deux fois le même objet que de l'assurer pour une valeur exagérée.

Et cependant, devant la morale, devant l'ordre public, devant le bon sens, quelle est la différence entre assurer deux fois un objet pour 50,000 francs, et assurer ce même objet pour 100,000 francs par une seule police, s'il n'en vaut que 50,000? Peut-on prêter à un législateur éclairé la pensée insensée d'avoir entendu réprimer la première spéculation et absoudre la seconde, qui est un désordre identique? Je ne suis pas si peu respectueux du législateur. Tout en regrettant le mot malencontreux qu'il a employé, je veux comprendre, et j'espère que la jurisprudence voudra comprendre le court paragraphe doctrinal comme s'il portait :

« Toute assurance *exagérée*, excédant la vraie valeur des choses au jour du contrat et créant un intérêt à la perte des choses, est interdite. »

A cette condition, je n'aurai plus que des éloges pour l'ensemble du nouvel article 334. Le dernier paragraphe deviendra excellent, en ce qu'il précise bien les deux sortes de sanction : nullité du contrat tout entier s'il est entaché de dol ou de fraude ; — simple réduction à la valeur vraie, s'il n'y a qu'une exagération sans dol ni fraude. La législation antérieure n'offrait pas cette précieuse ressource de la réduction, seule sauvegarde efficace du principe. Il fallait que l'assureur prouvât la fraude, ou qu'il remboursât les valeurs empreintes de la plus manifeste exagération.

Quand je dis que je n'aurai que des éloges à décerner à l'ensemble du nouvel article 334, peut-être ai-je tort de ne pas exprimer une réserve pour la faculté donnée aux gens de mer de faire assurer *leurs loyers*. Mais ceci n'est guère qu'une discussion de théorie, sans aucun intérêt pratique. Les gens de mer ne faisaient jamais assurer leurs loyers par des polices d'honneur, sous le régime de l'article 347. Ils ne les feront pas assurer davantage, ils n'ont pas les moyens de payer de fortes primes, et ne trouveraient pas d'assureurs. L'exposé des motifs du projet de loi se livrait à cet égard à une argumentation sentimentale en recommandant aux marins la prévoyance. Je crois que lorsque les marins seront assez prévoyants pour faire assurer leurs loyers, ils pousseront la prudence plus loin encore. Ils renonceront à leur pénible et périlleux métier. Ils ne prendront plus la mer. Leur profession exige une certaine insouciance du péril.

On ne s'est d'ailleurs pas aperçu que l'argument sentimental remporte, dans la même loi, une victoire bien autrement pratique pour les marins que la faculté illusoire de faire assurer leurs loyers, et qui supprime presque entièrement l'intérêt à cette assurance. L'article 258 du Code de commerce disposait que le matelot perdait ses salaires

par la perte du navire et des marchandises.
Il n'avait de droits à exercer que sur les
épaves. C'était dur. Les marins, les ouvriers
de la mer étaient les seuls travailleurs qui
perdaient leurs salaires gagnés, parfois pendant de longs mois, parce qu'un cas fortuit
avait détruit l'objet auquel ils travaillaient.
On a réclamé pour eux. L'article 258 est désormais rédigé cemme suit :

« En cas de prise, naufrage ou déclaration
« d'innavigabilité, les matelots, engagés au
« voyage ou au mois, sont payés de leurs
« loyers *jusqu'au jour de la cessation de
« leurs services*, etc. »

C'est une innovation considérable. La bienveillance pour les marins, le sentiment même
de la justice rendent très difficile de la cri-
tiquer, et dans les travaux des commissions
de 1865 et de 1873, je ne m'étais pas opposé
au vœu de cette réforme. Mais Colbert ne
manquait certes pas de bienveillance pour les
marins. Si la législation qui nous a régis si
longtemps et a régi d'autres nations semblait
dure sous ce rapport, elle s'inspirait encore,
et plus efficacement que par l'article 347, d'une
idée de conservation. Elle voulait que les matelots fussent intéressés à ramener le navire

au port, tout au moins dans un port de relâche; en cas d'échouement, à le relever; en cas de naufrage, à sauver les débris et les marchandises. Et elle atteignait son but.

Qu'on se souvienne que, dans la navigation à voiles, la voie d'eau est un des accidents les plus fréquents et les plus redoutables. Il faut pomper, l'équipage est très peu nombreux et le travail des pompes fatigue vite. Tant qu'aucun autre navire ne paraît à l'horizon, le sentiment de la conservation personnelle excite et soutient les hommes. Vienne à passer un navire qui offre son hospitalité, la tentation est forte de s'y réfugier plutôt que de continuer la lutte en s'épuisant, si aucun intérêt ne presse les hommes de la continuer. Les matelots refusent donc de pomper plus longtemps, parfois s'ameutent et contraignent le capitaine d'abandonner le navire.

Il ne faut pas se dissimuler que le nouvel article 258 tend à produire ce résultat, en désintéressant les matelots de la continuation du travail des pompes. Que sacrifient-ils en abandonnant le navire en mer à trois jours peut-être du port? Trois jours de salaires.

Le danger est beaucoup moindre dans la navigation à vapeur, où le travail des pompes s'opère par le mécanisme, sans épuiser les hommes.

Je veux bien accepter l'inconvénient, pour ce qui reste de la navigation à voiles. L'observation que je présente est que les salaires échus n'étant plus perdus par le naufrage, il n'y a plus d'intérêt à les faire assurer. Ce serait bien de l'assurance *cumulative*.

Les nouvelles législations de l'Allemagne et de l'Italie, qui permettent l'assurance du fret et du bénéfice espéré des marchandises, n'autorisent pas celle des salaires des matelots. Je répète d'ailleurs que ceci n'est que de la théorie. Les gens de mer ne feront pas assurer leurs loyers. Ce seront désormais *les armateurs* qui pourront avoir intérêt à les faire assurer, quand ils ne feront pas assurer le fret.

C'est, plus complètement encore, par simple amour de l'art et en l'absence de tout intérêt pratique que je signalerai les changements introduits dans l'article 315 du Code de commerce. Il a semblé aux rédacteurs de la nouvelle loi que, puisque le fret et le profit espéré du chargement devenaient choses assurables, la symétrie demandait que le fret et le profit espéré pussent être aussi le gage d'un em-

prunt à la grosse. Je n'y ai, en vérité, aucune
objection, quoique je ne parvienne guère à
comprendre comment le profit espéré, séparé
de la marchandise, pourrait être le gage d'un
emprunt. L'ancien emprunt à la grosse des
propriétaires des choses est absolument
tombé en désuétude et ce n'est pas le nouvel
article 315 qui le fera revivre. J'engage les
commentateurs à ne pas s'attarder longtemps à l'examen de l'article 315 non plus
qu'à celui de la relique conservée de l'article
347. Ce sont choses mortes.

Les articles 259, 318 et 386 du Code de
commerce sont expressément abrogés. Le
premier est remplacé par la disposition contraire introduite dans l'article 315. Les deux
autres disparaissent par voie de conséquence.
J'ai entendu réclamer vivement le maintien
de l'article 386. Je ne me suis pas associé à
cette réclamation, que j'estime illogique et
irréfléchie. Le navire est une chose, le fret
en est une autre. Dès l'instant que toutes
deux peuvent être assurées séparément, il n'y
a aucune raison pour que le sauvetage de
l'une soit attribué aux assureurs de l'autre.
C'est cependant un des dissentiments qui ont
longtemps divisé les deux Chambres du Par-

3

lement en retardant l'adoption de la loi.

Quelques dispositions de détail, toutes dictées par la bienveillance, améliorent la condition des matelots, en modifiant les articles 258, 262, 263 et 265 du Code.

J'ai le regret de dire qu'elles sont bizarres et assez incohérentes. Aux termes de l'article 262, le matelot est payé de ses loyers, traité et pansé aux frais du navire, s'il tombe malade pendant le voyage ou s'il est blessé au service du navire. S'il a dû être laissé à terre, il est payé de ses loyers jusqu'à son rétablissement. Mais s'il meurt, ses loyers, aux termes de l'article 265, ne sont plus dus à sa succession que jusqu'au jour de son décès. L'armateur a donc intérêt à ce que le matelot qui tombera d'une vergue sur le pont meure du coup ou le plus tôt possible. Il sera dispensé des loyers, du traitement et de plus du rapatriement. Le rétablissement du blessé ou du malade est la pire situation pour l'armateur. Voilà ce qu'un législateur bienveillant, prenant la peine de modifier le Code de commerce, a imaginé ingénieusement en 1885.

La partie des nouvelles dispositions qui améliore la condition des matelots augmente naturellement les charges éventuelles des

armements et a donc donné lieu à des récla-
mations des armateurs. Soit à raison de cette
augmentation éventuelle de charges, soit à
raison des incohérences que j'ai signalées, il
se pourrait que des armateurs éprouvassent
le désir de déroger aux dites dispositions.
Cette dérogation est-elle permise, ou les dispositions sont-elles d'ordre public?

La question mérite d'être examinée. Après
l'interprétation du mot fâcheux de l'assurance
cumulative, c'est même, à mon avis, la prin-
cipale question que soulève, pour le juris-
consulte, la loi du 12 août 1885.

Les conditions d'engagement des hommes
de l'équipage sont au nombre des conventions libres et peuvent être très variées. Elles
sont constatées, dit l'art. 250 du Code de
commerce, auquel il n'est rien changé, par
le rôle d'équipage. Elles n'échappent pas à la
loi économique de l'offre et de la demande.
Les matelots, comme tous les autres travailleurs, ont acquis le droit de la coalition et de
la grève. Ils en ont usé, il y a peu d'années, à
Marseille, menaçant d'interrompre tout le
mouvement maritime par le pavillon français et jusqu'aux services postaux. Ils peuvent donc dicter et imposer leurs exigences.

Réciproquement, s'il y a disette d'armements et abondance de matelots inoccupés, les armateurs à leur tour peuvent imposer les leurs. Qu'on l'approuve ou qu'on le regrette, c'est la liberté de l'industrie.

Le débat ne porte pas seulement sur le taux des salaires. Sous le régime du Code de commerce, avant la loi du 12 août 1885, les matelots pouvaient-ils stipuler dans leur engagement les conditions mêmes que leur a faites cette loi, stipuler notamment qu'en cas de naufrage, par dérogation à l'art. 258, leurs salaires leur seraient dus jusqu'au jour de la cessation de leurs services? Les tribunaux auraient-ils été obligés d'annuler cette condition, comme contraire à l'ordre public?

Je ne crois pas qu'il y ait de jurisprudence à cet égard. La question est certainement très intéressante, par ses conséquences sur les applications de la loi nouvelle. Il est hors de doute que c'était une considération d'ordre public, celle de l'intérêt du salut des navires, qui avait inspiré au législateur la dureté, l'apparente injustice de la disposition de l'Ordonnance reproduite par l'art. 258. Voici dans quels termes d'une énergie assez brutale Valin la justifiait. « Rien n'est mieux

« établi. La justice n'y est pas du tout blessée,
« et *quand il en serait autrement*, la poli-
« tique et l'intérêt de la navigation exige-
« raient nécessairement que cette loi fût
« maintenue dans toute sa rigueur. L'intérêt
« guide les hommes en général, et les gens
« de cette espèce en sont plus susceptibles
« encore que d'autres. S'ils cessaient d'avoir
« intérêt à la conservation du navire et de
« ses marchandises, au moindre péril dont
« ils seraient menacés ils ne songeraient qu'à
« sauver leur vie, sans se mettre en peine
« du reste. Il était donc juste et du bien public
« d'attacher leur fortune à celle du vaisseau. »

Mais ce même art. 258 avait, comme celui de l'Ordonnance, un second paragraphe qui dérogeait au principe. Les matelots n'é-taient jamais tenus de restituer les avances reçues, et rien ne limitait le taux des avances. Les matelots pouvaient donc stipuler trois mois, six mois ou un an d'avances. Si le navire faisait naufrage le lendemain du départ, que restait-il de la considération d'ordre public? Les matelots avaient intérêt au naufrage. Ils gardaient leurs avances, li-bres de contracter un nouvel engagement. Ils étaient payés deux fois.

On argumenterait aussi de l'article 218. « Le propriétaire peut congédier le capi- « taine. Il n'y a pas lieu à indemnité… » Je m'arrête là un moment. Assurément c'est aussi une considération d'ordre public qui a inspiré cette disposition dure. L'armateur ne peut être tenu de conserver le capitaine qui a perdu sa confiance. Il y va du salut du na- vire, de la vie des hommes de l'équipage et des passagers. Seulement, je n'ai pas terminé la citation. L'article 218 ajoute : « *s'il n'y a* « *convention par écrit.* » Voici donc que le capitaine est libre de stipuler une indemnité, pour le cas où il serait congédié. Voici que l'armateur, afin de ne pas payer l'indemnité, pourra conserver, malgré l'impéritie cons- tatée, le capitaine qui a perdu sa confiance. Je répéterai : que reste-t-il de la considéra- tion d'ordre public?

On argumenterait encore de l'article 302. « Il n'est dû aucun fret pour les marchan- « dises perdues par naufrage, etc. » C'est bien le fret à gagner qui intéresse le capi- taine et l'armateur au salut des marchan- dises, le fret qui sera aussi le gage des salaires des matelots. Aussi la loi est consé- quente au principe en ajoutant : « Le capi-

« taine est tenu de restituer le fret qui lui
« aura été avancé... » Rien de plus juste d'ailleurs, puisque le fret est le prix du transport
et qu'on comprendrait difficilement que le
prix du transport fût payé quand le transport
n'est pas effectué. Cela devient une obligation
sans cause et un contrat léonin. Pourtant
l'article se termine par ces mots : « *s'il n'y a
convention contraire.* » Voici que le capitaine est libre de stipuler des avances non
restituables, et, comme il n'y a pas de limites
aux avances, voici que le fret entier peut
être reçu d'avance sans être sujet à répétition,
voici que le prix entier du transport peut être
acquis sans qu'il y ait transport. Rien de
plus fréquent en effet dans la navigation à
vapeur, et je répète : quel intérêt reste-t-il,
même aux matelots, à sauver et livrer les
marchandises ?

Tant il est vrai, suivant une observation en
quelque sorte psychologique que j'ai faite à
diverses reprises, que le législateur, partagé
entre des impulsions contraires, apercevant
combien l'absolu est peu du domaine des
choses humaines, hésite, oscille, transige sans
cesse avec lui-même. Dans un très grand
nombre de textes en plusieurs paragraphes

ou en plusieurs membres de phrases, l'excep-
tion suit la proclamation du principe, il y a
des affirmations et des repentirs alternatifs.
Quand le texte oscille ainsi, comment la
jurisprudence n'oscillerait-elle pas ? Comment ne serait-elle pas souvent autorisée à
transiger, pour satisfaire le besoin, pour as-
souvir la soif de la justice ?

Je reviens à la question que j'ai posée. Les
matelots pouvaient-ils stipuler dans leur engagement que, par dérogation à l'art. 258,
leurs salaires leur seraient dus jusqu'au jour
de la cessation de leurs services ?

Je crois que la jurisprudence aurait oscillé,
suivant les temps. Jadis, l'esprit juriste aurait incliné à voir dans la dure disposition
de l'art. 258 une prescription d'ordre public,
summum jus, et c'était bien la pensée de
l'ancien législateur. De nos jours, un souffle
nouveau pénètre les institutions, parfois avec
excès. Ce qui paraît un désordre, c'est que des
matelots soient privés du salaire de leurs
travaux, par le cas fortuit d'un naufrage.
Quand le Parlement était saisi depuis dix ans
d'un projet de loi qui corrigeait ce désordre,
il m'eût semblé bien difficile que les tribunaux vissent un désordre dans la convention

qui prévenait le vote de la loi en se conformant au vœu de l'opinion. L'ordre public et les bonnes mœurs sont choses d'opinion. Vérité en deçà des Pyrénées, erreur au-delà, disait Pascal. Les bonnes mœurs sont aussi dans la dépendance de la latitude, et, de plus, de la date. La traite des nègres a été presque une vertu, avant d'être un crime.

Aujourd'hui, la question serait renversée. Est-il permis aux armateurs de stipuler dans les conditions des engagements des matelots le retour conventionnel à l'ancienne règle de l'art. 258?

Ainsi, un armateur désire limiter la charge des loyers qu'il supportera, au cas de perte de son navire. Il propose, par exemple, un maximum de six mois, en offrant trois mois d'avances. Le matelot demande quatre mois d'avances, ou, si l'on veut, les six mois. C'est la négociation du marché, du contrat de louage du travail. L'accord se fait. Ce marché est-il nul, comme contraire à une disposition du nouvel ordre public?

Je pose la question aux légistes qui commenteront la loi du 12 août 1885. Elle peut se dresser avant tout litige. C'est un fonctionnaire, le Commissaire de l'Inscription maritime, qui constate sur le rôle d'équipage les conditions d'engagement des matelots. Ce fonctionnaire ne va-t-il pas être tenu d'avoir une opinion personnelle sur la question? Ne refusera-t-il pas de constater des conditions qui lui paraîtront contraires à la loi? Les opinions des Commissaires pourront être divergentes. Un Commissaire timoré sollicitera des instructions de son chef hiérarchique, le Ministre de la marine. Voici que le Ministre de la marine sera obligé à son tour d'avoir une opinion sur la question, et qui consultera-t-il? Les légistes? Ils pourront bien la controverser. Les tribunaux? Il n'y a pas de jurisprudence, et les tribunaux eux-mêmes se diviseraient très probablement.

La question me semble en effet très controversable. La loi ne dit pas si elle prohibe la dérogation. Elle sait le dire quand elle veut être obéie.

Je parlerai plus loin d'un certain projet de loi du précédent ministère, sur les rapports des ouvriers et des patrons, projet dangereux qui heureusement n'a pas été voté. Il ne sera pas hors de propos de le comparer à la loi du 12 août 1885, laquelle régit aussi les rapports des matelots, qui sont des ouvriers, avec les armateurs, qui sont des patrons. L'article final dudit projet portait expressément : « Toute convention contraire à la présente loi est nulle de plein droit. »

L'Angleterre n'a guère de lois codifiées. Elle possède cependant, depuis 1854, un code extrêmement volumineux et détaillé de la marine marchande, souvent amendé depuis, sous le nom de « *Merchant Shipping Act.* » Les conventions par lesquelles les matelots changeraient la situation qui leur est faite pour leurs loyers y sont pareillement frappées de nullité.

Enfin, on s'agite dans plusieurs nations maritimes pour arriver à unifier les conditions des affrétements et les clauses des connaissements. A l'heure où j'écris, une conférence internationale est réunie à Hambourg pour traiter cette importante matière. La France est restée bien indifférente à ce mouvement. Ailleurs, le monde commercial s'en est vivement ému, si bien que de l'autre côté de l'Atlantique le commerce des États-Unis a voulu se protéger d'avance contre l'invasion prévue du connaissement européen. C'est une phase très remarquable de la rivalité des deux mondes et en particulier de la rivalité

de l'Angleterre et des États-Unis. En Angleterre, où prévaut l'intérêt des armateurs qui
dirigent le mouvement, on s'efforce d'affran-
chir les armateurs de la responsabilité des
vices du navire et des fautes du capitaine.
Aux États-Unis, où il n'y a presque plus de
marine transatlantique, où toutes les marchandises sont reçues par des pavillons euro-
péens, l'intérêt des chargeurs prévaut et l'on
veut maintenir la responsabilité des armateurs.

Le gouvernement a proposé une loi spé-
ciale, déjà votée le 3 février 1885 par la
Chambre des Représentants et qui attend la
sanction du Sénat. Rien de plus curieux pour
l'observateur. Chacun sait déjà si, dans le
pays de la liberté, l'on s'embarrasse des doc-
trines du libre échange lorsqu'il s'agit de protéger le travail national. On ne s'embarrasse
pas davantage de la liberté des conventions
conclues en Europe et sous l'empire des législations européennes, si l'intérêt national
paraît menacé. Le projet de loi est hérissé de
prohibitions à tous ses articles. L'article 3
dispose notamment que toute clause des connaissements par laquelle le chargeur affran-
chirait le capitaine et l'armateur de la respon-

sabilité des fautes et négligences ou de celle du mauvais état du navire serait nulle et de nul effet en Amérique. C'est la négation de la doctrine consacrée en France par la Cour de cassation après de vives controverses. Voilà l'Europe bien avertie. Les armateurs de Liverpool peuvent rédiger leurs connaissements à leur guise et obtenir des chargeurs toutes les immunités. Il n'en sera tenu aucun compte en Amérique. Ici encore les États-Unis se protègent.

C'est ainsi que s'exprime un législateur qui veut être obéi. Il prohibe et déclare nulle la convention contraire. Rien de semblable dans la loi du 12 août 1885. Pas un mot qui paraisse gêner la liberté des conventions. Je reproduis donc ma question, et l'interrogation du Commissaire de l'Inscription maritime, demandant des instructions au Ministre de la marine. Si l'armateur et les matelots sont d'accord pour se replacer sous le régime de l'ancien article 258 du Code de commerce, cette convention sera-t-elle nulle comme contraire à un principe d'ordre public ? L'ordre public s'est-il tellement renversé que ce qui était nécessité de bien public depuis Colbert et des siècles auparavant soit tout-à-coup, à la date du 12 août 1885, devenu un désordre interdit à la liberté des conventions?

Je crois qu'il serait assez malaisé d'aller rechercher ce qu'on appelle la pensée du législateur. Les députés *in extremis* qui, au terme de leur mandat, ont voté hâtivement et sans discussion tous les articles de la loi savent imparfaitement, je pense, ce qu'ils ont voté. Quant aux rédacteurs successifs des multiples éditions du projet, je m'imagine qu'aucun d'eux n'a songé davantage à la question, puisqu'aucun n'a proposé de la résoudre.

Il faut la résoudre cependant. Je la résoudrai par son obscurité même. Malgré l'apparence paradoxale de la proposition, je suis d'avis qu'ici l'affirmation naît du doute, et que de l'obscurité jaillit la lumière.

Le principe de la liberté des conventions est trop précieux, trop élevé pour que la jurisprudence puisse y attenter légèrement. Il faut qu'elle s'y trouve contrainte, soit par un texte formel, soit par la puissance d'un principe encore supérieur : les bonnes mœurs et l'ordre public. De texte formel, nous avons vu qu'il n'y en a aucun. Le législateur qui pouvait parler, qui a parlé en tant d'autres circonstances, est resté muet. Quant au second motif de déchirer la libre convention, quelle que soit la valeur de la considération de sentiment qui a triomphé de la considération d'utilité publique de Colbert, peut-on soutenir, de bonne foi, que la morale et l'ordre ont été offensés, jusqu'au 12 août 1885, par la législatien qui régissait les engagements des matelots? Peut-on dire qu'aujourd'hui il soit immoral qu'un matelot, ou un capitaine, en stipulant des gages élevés, en exigeant plusieurs mois d'avances, accepte de s'intéresser, pour le surplus, au sort du navire ?

J'ai un bien autre argument ! Il est demeuré permis aux matelots de s'intéresser au sort du navire. Il y a des engagements pour une part de fret, et, dans les armements de pêche, pour une part de pêche. Ils sont expressément visés dans le nouvel article 265. Le matelot engagé pour une part de fret ou de pêche ne reçoit aucuns salaires si le fret ou la pêche périt entièrement par un naufrage. Ce n'est pas un désordre public. Pourquoi en serait-ce un, si le matelot est engagé au mois?

J'ai mieux encore. Voici qu'à la fin du cin-

quième paragraphe du nouvel article 258,
je lis en toutes lettres ces mots : « *le tout*
sans préjudice des conventions contraires. »
S'agit-il seulement du paragraphe, ou de
l'ensemble de l'article 258? Le rédacteur pourrait le dire, — s'il l'a jamais su. Le commen-
tateur et le juge lisent *le tout.* Ils concluront
donc que la loi du 12 août 1885 elle-même a
laissé toute liberté aux conventions d'engagement des matelots, et n'a changé les conditions de l'article 258 qu'à défaut d'autres
conventions expresses.

Je ne suis pas en contradiction avec cette
thèse, lorsque je soutiens, à l'égard des assurances exagérées, la thèse de la morale et de
l'ordre public. Ici, plus de doute sur le principe. Il est certain qu'une spéculation de
lucre sur les assurances est une immoralité.
Il est certain que créer un intérêt à la perte
des navires, laquelle peut entraîner la mort
des hommes, est un désordre public. Il est
certain que l'assurance ne doit être qu'un
contrat d'indemnité. J'ajoute que j'ai pour
moi, indépendamment des déclarations de
l'exposé des motifs, le texte bien compris.
Quand le nouvel article 334 porte qu'on peut
faire assurer *le fret net,* cela ne signifie rien,

ou signifie qu'on ne peut pas faire assurer
le fret brut. Quand le texte ajoute : « Toute
assurance cumulative *est interdite,* » c'est
bien une prohibition qui exclut la convention
contraire. Je n'ai à regretter qu'un mot fâcheux, en demandant à la jurisprudence de
l'interpréter dans un sens raisonnable, et,
comme s'il était écrit : toute assurance exagérée créant un intérêt à la perte des choses
est interdite.

Je pourrais m'arrêter là, et ce qui va suivre
n'est plus un simple commentaire. Mais j'ai
annoncé que je reparlerais d'un projet de loi
apporté aux Chambres par le précédent ministère et devant régir, en cas d'accident, les
relations des ouvriers et des patrons. Les matelots, ai-je dit, sont des ouvriers, et les armateurs sont des patrons. L'œuvre laborieuse
de la loi du 12 août 1885 n'est-elle pas me-
nacée d'un prompt renversement par ce projet ? Il y aurait là place, pour les armateurs,
et à la vérité pour les patrons de toutes les
industries, à de vives inquiétudes. Il ne sera
pas hors de mon sujet d'examiner un docu-
ment qui est intitulé : « Projet de loi relatif à

la responsabilité des accidents dont les ouvriers sont victimes dans leur travail. »

Je suis cependant bien convaincu que les
auteurs du projet n'ont pas pensé aux marins.
Mais quelle est la logique d'une bienveillance
qui couvrirait de sa protection les maçons et
les couvreurs, non les marins cent fois plus
exposés aux accidents professionnels ; les mé-
caniciens des usines et non pas ceux des navires ? Si j'estimais que le projet fût bon, —
autant que je l'estime détestable, — j'en re-
vendiquerais le bienfait pour les marins. Ils
ne sont pas moins intéressants que les autres
ouvriers.

L'article 2 déclare qu'il y a risque professionnel dans les industries où, soit à raison
de l'outillage, soit à raison des moteurs, des
matières employées ou fabriquées, l'ouvrier
est exposé à un accident dans l'exécution de
son travail. Puis il charge un règlement
d'administration publique de *déterminer les
industries* qui, d'après cette sorte de définition, seront *considérées* comme présentant
un risque professionnel. Je plaindrais le
Conseil d'Etat d'avoir à élaborer ce classe-
ment, cette distinction des industries multiples. Le risque professionnel me paraît

exister dans toutes les professions. Le tailleur et la couturière peuvent se blesser grièvement avec leurs ciseaux et leur aiguille, comme le barbier avec ses rasoirs. Ceci est bien de l'outillage. Je ne suppose pas qu'on songe à excepter le couvreur ni le mineur. Tous deux rentrent assez mal dans la définition. Le maréchal-ferrant court le risque d'être tué par une ruade, le cultivateur d'être frappé d'une insolation ou éventré par une bête à cornes, le garde-chasse d'être atteint par un braconnier. Ce sont assurément des risques professionnels. Ce n'est ni de l'outillage, ni un moteur, ni de la matière employée. Dans un temps épris de l'égalité des droits, je ne comprends pas ces distinctions arbitraires entre les diverses industries.

La vérité est qu'il ne s'agit pas d'égalité des droits. Le principe est violé par l'idée même du projet, qui est d'attribuer des privilèges à la caste des ouvriers, plus particulièrement aux ouvriers des villes ou des usines, plus particulièrement encore à ceux de certaines industries choisies, en sorte que l'essence du projet est l'inégalité des droits des citoyens.

Quoi qu'il en soit, si, la loi étant votée, j'avais l'honneur de siéger au Conseil d'État,

comme j'aime beaucoup les marins, je pro-
poserais qu'ils fussent admis à jouir du privi-
lège. Je ne vois pas bien quelles objections
je pourrais rencontrer, ni comment on éta-
blirait que les marins ne courent pas le risque professionnel.

Or, ce serait l'abrogation partielle de la loi
du 12 août 1885, car elle a précisément des
dispositions spéciales pour les cas de mort
et d'accidents des marins. A moins qu'on ne
vînt à juger que les deux lois ne s'excluraient
pas l'une l'autre, et que les marins auraient
le bénéfice de toutes deux. Ce serait un avan-
tage *cumulatif*. J'y consentirais de grand
cœur, une fois qu'on serait engagé dans cette
voie! Je craindrais seulement que la diffi-
culté ne fût, pour les marins, de trouver un
embarquement et des armateurs.

On a vu qu'aux termes de l'article 262, le
matelot *blessé au service du navire*, — c'est
bien un des risques professionnels, — est
traité et pansé aux frais du navire, et reçoit
ses salaires jusqu'à son rétablissement.
Quant au matelot tué par l'accident ou péris-
sant dans le naufrage, autre risque professionnel, sa veuve, ses enfants n'ont droit à
rien, sinon à ses salaires jusqu'au jour du

décès. Tel est le droit maritime, favorable aux matelots en cas de maladie ou de blessures. Tel est, en cas de décès, le droit commun, que je n'accuse aucunement d'être barbare. C'est la nature qui est barbare en ayant fait l'homme mortel. Il y a longtemps que Job l'a dit. L'homme, né de la femme, vit peu et est rempli de beaucoup de misères. Les accidents, professionnels et autres, sont au nombre de ces misères, comme les maladies. Je tâche de me dégager de la sensiblerie moderne, dont je m'avoue imprégné. J'ai à faire moins d'efforts pour me dégager du sophisme démocratique qui réclame des privilèges en faveur de la caste des ouvriers. Pour une famille sans patrimoine qui perd son chef, quelle est la différence entre l'accident professionnel, la foudre ou la fluxion de poitrine ? Quelle raison de lui ménager des ressources, dans le premier cas seulement ?

N'importe, désormais les marins devront être assurés contre les accidents, article 3 du Projet, par les soins et aux frais du patron. Il y va pour celui-ci de 500 francs d'amende, par chaque ouvrier sans doute (art. 7), plus d'indemnités pécuniaires. Le *patron*, ainsi nommé à l'article 3, est appelé, à l'article 7, *le chef d'un établissement industriel*. Où commencera la qualification de patron ou de chef? Ce sera une des graves difficultés de l'application.

Dans le langage maritime, le patron est autre chose, et je ne voudrais pas jouer sur les mots, c'est bien l'armateur qui est visé. Mais il arrive très souvent, pour les opérations de la petite pêche, celles où il y a le plus de risques professionnels, que le patron réunit les deux qualités. Parfois il recrute des hommes pour un temps très court, pour un mois, pour une semaine, pour un jour, pour moins encore, s'il s'agit de promener en mer des oisifs des bains de mer. Voici que, sous peine de 500 francs d'amende, il devra faire assurer les hommes qu'il recrute.

Il n'y a rien de plus saisissant qu'un exemple vrai et récent. Je vais en citer un. Le 12 août dernier, dans le port breton de Lannion, on annonce l'apparition tardive de la sardine. Vite les pêcheurs, qui étaient sans ressources, se mettent en branle. Le patron Le Dantec est propriétaire d'un bateau appelé le Saint-Louis. Il recrute un aide, le matelot

Margaté, et tous deux voguent, descendant la rivière à la rame. En faisant effort sur son aviron, Margaté tombe à la mer, le courant l'entraîne, le patron est impuissant à le sauver. S'il y eut jamais un risque professionnel, c'est bien celui-là.

Je crains que Margaté n'eût pas été très sobre. Les marins bretons ont de grandes vertus, parmi lesquelles ne figure pas toujours la sobriété. Sobre ou non, Margaté a bien péri par l'accident professionnel. Il laisse une veuve et deux enfants en bas âge. Je me suis empressé de venir au secours de cette infortune, au nom de la Société de secours aux familles des marins français naufragés, que je m'honore d'avoir fondée. — Si le projet de loi avait été voté, le patron Le Dantec serait passible de 500 francs d'amende et il devrait indemniser la veuve et les orphelins. C'est lui qui serait réduit à la détresse, pour avoir commis le délit de ne pas faire assurer Margaté. Avant d'aller rechercher la sardine, il aurait dû s'enquérir des représentants, soit de la Caisse publique créée par la loi du 11 juillet 1868, soit d'une Compagnie d'assurances *remplissant au point de vue de la publicité, de la gestion et du placement des fonds les conditions déterminées par un rè-glement d'administration publique* (Article 5 du projet, que je cite textuellement). Il aurait négocié une police d'assurance sur la tête de Margaté, et, après ces formalités accomplies, il se serait occupé de la sardine, — qui ne l'aurait pas attendu dans la baie de Lannion.

Je suppose que le lecteur trouve insensée, comme moi, cette combinaison protectrice de la sardine. Je n'invente rien, c'est le projet de loi élaboré par un ministre du commerce.

Ce que je dis du patron Le Dantec est applicable à des milliers de situations, même parmi les ouvriers des villes. Il y a une foule de petits patrons qui se distinguent à peine des ouvriers, qui ne le sont que par intermittences. L'ouvrier en chambre qui prend un aide afin d'achever un travail pressé est un patron pour vingt-quatre heures. Qu'il laisse là son travail pressé, qu'il aille courir les bureaux des Compagnies d'assurances qui rempliront les conditions, etc., etc., et qu'il fasse assurer son auxiliaire, sinon il encourra 500 francs d'amende et sera responsable des accidents.

Et puis, les plus gros patrons, les chefs

des établissements industriels que vise particulièrement le projet n'ont-ils pas, suivant l'état des commandes et des affaires, des besoins alternatifs très variés d'ouvriers? Que font le matin, aux abords de l'Hôtel-de-Ville, ces groupes d'ouvriers sans ouvrage? Ils attendent, ils désirent ardemment l'appel d'un patron. Quelle étrange façon de leur procurer de l'ouvrage que d'obliger le patron, sous peine de 500 francs d'amende, à conduire chaque ouvrier embauché, non aux chantiers du travail, mais aux bureaux des compagnies d'assurances contre les accidents, afin de faire assurer pour un an, aux frais d'un patron de rencontre, ces ouvriers d'un jour!

Et puis, l'on oublie un autre engouement démocratique, les sociétés coopératives. Là tout le monde est patron, ou personne ne l'est. C'est l'idéal poursuivi par certains esprits chimériques, et l'on ne manque pas de demander encore des faveurs, des privilèges, en violant l'égalité des droits. Partisan décidé de la liberté des conventions, je n'aurais pas la moindre objection aux sociétés coopératives, et je leur souhaiterais des succès, si on ne leur concédait pas de privilèges. Qui sera tenu, sous peine d'amende, de faire assurer les ou vriers associés ? Seront-ils privés du bienfait de l'assurance, ou seront-ils assurés par l'Etat, de plein droit et gratis ? Les auteurs du projet de loi n'y ont pas pensé. La question intéresse fort les marins. L'association, parmi eux, est de tradition séculaire. Dans un grand nombre d'armements de pêche, il n'y a pas d'armateurs, il n'y a que des pêcheurs associés à la propriété du bateau comme aux produits.

Certes, l'étourderie des auteurs du projet est grande ! L'aspiration universelle de tous les ouvriers est de devenir patrons, c'est de la nature du cœur humain. L'élite des ouvriers, par l'intelligence, le travail et la conduite, a l'espoir de satisfaire cette ambition, comme l'élite des soldats a l'espoir de conquérir des grades, jusqu'à ceux d'officiers. Dans les lois militaires, tout est combiné pour exciter l'ambition des soldats en leur facilitant l'accès des grades. On trouve, avec raison, que c'est une pensée démocratique. S'agit-il de lois industrielles? Tout semble combiné pour décourager les ouvriers d'aspirer à devenir patrons. C'est l'ouvrier qui a toutes les faveurs, le patron toutes les menaces.

L'ouvrier fera sagement de ne pas sortir de sa caste privilégiée.

Et enfin, quand les ouvriers des industries définies par le Conseil d'Etat seront assurés contre les risques professionnels, qu'aura-t-on fait? Bien peu de chose. En dehors des industries définies resteront les industries non définies; en dehors des risques d'accidents professionnels, les accidents fortuits, les maladies, les épidémies, l'inexorable loi de la nature; en dehors des ouvriers privilégiés, les petits employés, les petits patrons, les fonctionnaires, grands et petits, dont la famille, quand elle perd son chef, n'est pas moins à plaindre que celle de l'ouvrier privilégié. Le penseur demeure confondu que, sous des institutions qui proclament l'égalité des droits et la liberté des conventions, des hommes d'Etat, en quête d'une popularité malsaine, violent l'égalité des droits et la liberté des conventions, pour assurer à certains ouvriers la garantie de certains risques, et aient inventé comme une découverte le risque professionnel.

Ce n'est pas le lieu de discuter plus à fond le projet de loi. Il se complait à creuser davantage encore le gouffre où l'on menace d'engloutir nos finances. En paraissant respecter la liberté de l'industrie des assurances contre les accidents, il renferme, peut-être inconsciemment, une hypocrisie qui ne serait pas digne du législateur. Je suis absolument désintéressé dans la question des assurances contre les accidents. Mais il me paraît évident que les sociétés privées ne pourraient pas supporter la concurrence d'une Caisse d'État et devraient disparaître. Ou bien il arriverait ceci. L'habileté des sociétés privées serait d'accepter l'assurance des professions les moins dangereuses en laissant à l'État les gros risques. Mais si l'État s'apercevait de la duperie, ne pourrait-il pas modifier ses tarifs? Ce serait encore la lutte entre les forces de l'État et les sociétés privées, lutte peu conforme à la liberté de l'industrie.

J'ai déjà été entraîné au-delà de ce que j'avais prévu, dans un mémoire qui aurait voulu rester juridique. J'ai cédé à la tentation de rapprocher d'un projet de loi plus général qui venait d'éclore, sur les risques des accidents professionnels, une loi votée hier, sur les accidents professionnels des marins. Quand ils sont blessés au service du navire, quand ils tombent à la mer ou périssent dans un naufrage, c'est bien un risque professionnel. Quand ils meurent de la fièvre jaune au Sénégal ou à Cayenne, n'est-ce pas aussi une sorte de risque professionnel? Je ne sais pas si leurs veuves comprendraient bien la logique de la différence, et sauraient beaucoup de gré au législateur d'avoir établi la distinction. Les armateurs et les patrons ne lui sauraient pas plus de gré de l'obligation qui leur serait imposée de faire assurer à leurs frais tous les hommes qu'ils emploieraient. Mais j'aime mieux espérer qu'il ne se rencontrera pas un Parlement pour voter un projet aussi étourdi, aussi attentatoire aux principes de liberté et d'égalité, s'appuyât-il de l'exemple du trop illustre chancelier prince de Bismarck, lequel, si je ne me trompe, est une autorité insuffisante dans les questions de liberté et d'égalité.

Revenant à la loi du 12 août 1885, je n'ai plus que peu de mots à dire. Si elle rend déjà surannées les discussions étendues que, dans mes *Questions de droit maritime*, j'avais consacrées aux art. 347 et 386 du Code de commerce, ainsi qu'à la jurisprudence administrative en matière de voirie, en revanche elle donne une véritable actualité au dernier chapitre du deuxième volume (page 389), où je traçais les règles de ce que serait l'assurance légale du fret et du bénéfice. J'écrivais, page 391 : « Quand la loi sera promulguée, « les tribunaux seront sans précédents et sans « jurisprudence pour l'appliquer. Il est donc « intéressant d'étudier à l'avance les diffi- « cultés qu'elle présentera et qui seront de- « venues des questions de droit. C'est ainsi « que je me trouve amené à commenter une « loi qui n'est pas encore définitivement « votée. »

Le vote s'est fait attendre six ans. Je renvoie donc, sur ce point, le lecteur au commentaire de la loi du 12 août 1885 que j'ai publié six ans d'avance. Si ce n'est pas un mérite, c'est au moins une singularité.

Paris. — Impr. F. Pichon, 30, rue de l'Arbalète, & 24, rue Soufflot.

9 782329 048840